Hans-Jürgen Gaudeck

Perlen der Ostsee

Hans-Jürgen Gaudeck

Perlen der Ostsee

steffen verlag

Abenddämmerung am Achterwasser

Einführung

Was ist so faszinierend an Inseln? Ich glaube, es ist das besondere klare Licht. Es wirkt heller als das auf dem Festland. Die Farben wirken transparenter, durchsichtiger. Und dann die Weite, die sich von einem Hügel aus am Horizont des umgebenden Wassers verliert. Nirgendwo ist die Luft frischer als auf Inseln. Wolken ziehen schnell hinweg, entwickeln für den Maler wunderbare Gebilde über dem Wasser. Durch die Frische der Luft entstehen am Tage luftig reine Farbgrafiken in schneller Auflösung. In den Morgen- und Abendstunden bilden sich wunderbare aquarellierte Farbübergänge, die sich in immer wieder neuen Varianten langsam auflösen.

Diese Erscheinungen bewirken Stimmungen, die auf einen Künstler besondere Auswirkungen auf seine Arbeiten haben. Ein Maler lebt von diesen Naturbildern – versucht, sie auf Papier festzuhalten, ist überrascht, wie sein gemaltes Aquarell von diesen Stimmungen beeinflusst wurde. Und da ich nicht auf eine fotorealistische Wiedergabe hin aquarelliere, entwickelt sich ein neues Bild, das von meinem Inneren als auch von der Stimmung des Augenblicks entstanden ist.

In diesem Buch habe ich mich mit Aquarellen und skizzenhaften Texten auf deutsche Inseln konzentriert. Und was lag näher, als hierfür Hiddensee, Rügen und Usedom auszuwählen – drei ganz unterschiedliche Inseln.

Hiddensee überraschte mich mit seiner Luftigkeit, dem überwiegend offenen Gelände. Die rötliche Färbung der weiten Heidelandschaft mit vereinzelten reetgedeckten Häusern, unterbrochen von bizarren Krüppelkiefern, boten herrliche Malmotive. Dann hügelige Wiesenlandschaft im Norden der Insel, die auf westlicher Strecke in einen üppigen Waldgürtel übergeht und steil zur Küste abfällt, bietet atemberaubende Ausblicke bei klarem Wetter auf meine Trauminsel Mön. Die große Mutterinsel Rügen, von Hiddensee nur mit dem Schiff erreichbar, hat schon aufgrund seiner Größe nicht die Luftigkeit von Hiddensee, liegt wesentlich weiter von Hiddensee entfernt, nicht nur geografisch. Rügen hat für mich eine starke Beziehung zum Festland. Die vielen magischen Buchenwälder und Alleen bieten dafür den Ausgleich für den fehlenden klassischen Inselcharakter – Malmotive, die mich immer wieder zum Aquarellieren verführten. Und dann die zur See abfallende gewaltige Kreidelandschaft lässt die Größe der Insel dann doch spüren, die mich schon auf Mön so beeindruckte. Beim Reisen über Usedom spüre ich wieder die nahe See. Dies mag an der topografischen Struktur der Insel liegen, die relativ schmal und langgezogen ist und man dadurch überall Wassernähe spürt. Fasziniert hat mich vor allem das Achterwasser und der Peenestrom. Ähnlich wie der Bodden auf dem Darß bilden Vegetation und Wasser hier geschlossene Einheiten und herrliche Malmotive. Weite und Nähe wechseln sich in unterschiedlichen Entfernungen miteinander ab. Hier inspirierte mich der Übergang von Tag und Nacht durch seine Farbübergänge zu meinen Spielen mit Farben und Wasser auf Papier.

Hans-Jürgen Gaudeck

Hiddensee

Näherte mich Hiddensee von Breege aus. Durchfuhr den Bassower Strom, eine tiefe Einbuchtung im Norden Rügens. Hatte ständig Landsichten vor mir, weit und fern. Erst als der Leuchtturm von Hiddensee in der Ferne auftauchte, lag der Horizont zu Teilen im weiten Meer. Hiddensee strahlt Helligkeit aus. Erinnerte mich an das Licht griechischer Kykladeninseln. Nur das Grün mildert das gleißende Licht. Den Wind spürte ich hier näher, bewusster. Mag sein, dass auch der Duft der Wiesen und Wildblumen sich dadurch stärker bemerkbar macht. Angenehm, nur Naturgeräusche im Ohr zu haben, da Autoverkehr hier keine Chance hat. Die Ruhe – auch in den Sommermonaten – hat mit Sicherheit damit zu tun. Das Klappern der Pferdehufe reiht sich in die beruhigende Musik dieser Insel ein. Hiddensee überrascht durch seine Vielfältigkeit. Der Norden mit seiner Hügellandschaft, die übergeht in krasse Steilufer, mit bizarrer vom Sturm gezeichneter Baumkultur. Selbst der weiße Leuchtturm mit seiner roten Haube als technisches Signalelement gibt der Hügellandschaft noch einen harmonischen Akzent. Alles scheint wie aus einem Guss. Die Dörfer, ob Kloster, Vitte oder Neuendorf, betten sich in die Wiesen- und Hügellandschaft ein. Dominant allein ist die Natur. Malerisch empfand ich zwischen Vitte und Neuendorf überschwemmte Wiesen. Wasserflächen, die ihre Zeichnung und Spiegelung durch Wetter und Topografie der Insel erhielten. Wassergrafiken, die sich in die offene See verliefen. Der Maler und Grafiker Otto Eglau, der überwiegend auf Sylt arbeitete, hat sich mit solchen Naturbildern ausführlich beschäftigt. Auch ich konnte mich dieser Harmonie der Wasserzeichnung nicht entziehen. Hiddensee ist eine Insel der Ruhe, Weite und über allem von der See beeinflusst. Dies war sicherlich auch der Grund, warum sich viele Künstler hier niederließen und die Stimmungen dieser Insel mit in ihre Werke einflossen.

Hafen von Breege, Rügen

Wanderung über die Hügel von Hiddensee

Kam in Vitte mit dem Schiff von Breege auf Rügen an. Sah schon von Weitem den weißen Turm aufleuchten und machte mich auf in Richtung Dornbusch. Heller sonniger Tag. Der Touristenstrom entzerrte sich allmählich. In Grieben, einem kleinen idyllischen Ort im Nordosten, legte ich eine kleine Pause ein, um mich dann über die weiten Hügel dem Leuchtturm zu nähern. Wunderbare harmonische ockerfarbige aufsteigende Flächen. Wege, die zur Weite des Himmels führen.

Über die Hügel von Hiddensee zum Leuchtturm

Stürmisches Wetter am Leuchtturm

Erreichte den 72 Meter hohen Bakenberg. Vor mir eine vom Wetter gezeichnete Kiefer, die dem 28 Meter hohen dahinterliegenden Leuchtturm noch eine malerische Note gibt. Ich versuche, mir dieses Bild im Sturm vorzustellen. Den Baum in seiner vom Wind bewegten Neigung, das Weiß des Leuchtturms inmitten des dahinziehenden blauweißen Sturmhimmels. Aus einer besonderen Perspektive legt sich der Baumwipfel schützend über den Leuchtturm.

Sturm über dem Dornbusch

Am Hochufer

Wanderte vom Leuchtturm aus durch dichten Waldgürtel am Hochufer entlang. Viele Ausblicke auf die Weite der Ostsee. Am Horizont die Kreideküste von Mön sichtbar. Ein weißer Streifen, den ich auf meinen Reisen über die Insel Mön erwanderte. Hier oben auf dem Hochufer von Hiddensee ein ähnliches Gefühl von Wald- und Wellengeräuschen unmittelbar über der Weite der See. Auf der Höhe des Swantiberges fast senkrechte Abbrüche, die nur noch durch Sträucher und Wurzeln bizarrer Kiefern gehalten werden. Am Enddorn ging es dann wieder zurück zu aromatisch duftenden Wiesenhängen in Richtung Bodden.

Am Steilhang vom Dornbusch

Gedanken zum Licht auf Hiddensee

Das Licht ist heller als auf Rügen oder Usedom. Vielleicht hängt es mit der topografischen Lage dieser Insel zusammen. Schmal, sehr langgezogen und auf langer Strecke dem Meer zugewandt. Auch die Boddenfläche bietet weite Entfernungen zum nächsten Land.
Hiddensee wurde für mich zum Lichterlebnis. Die Konturen der Bäume und Wiesenflächen, auch des Leuchtturms erschienen mir weich, fast durchsichtig, die Farben fließend transparent. Versuchte, dieses Phänomen im Dornbusch auf Papier festzuhalten. Die Aquarellfarben waren dafür ideal. Auch hier erwies es sich mal wieder, wie das Licht das Malergebnis letzthin vor Ort beeinflusst.

Lichtfluss am Dornbusch

Zwischen Vitte und Neuendorf

Machte mich von Vitte aus mit dem Fahrrad in Richtung Neuendorf auf. Kam kaum voran, da die Landschaft mit Sanddünen und sich schon rot färbender Heide mich immer wieder zum Halten verführte. Wunderschöne Malmotive. Wenige in der Weite angedeutete kleine Ferienhäuser. Windgeformte bizarre Kiefern in den ockerfarbigen Sanddünen. Und dann die spätsommerliche Färbung des Heidekrautes und des niedrigen Wacholder- und Sanddorngebüschs. Ich versuchte, es mit meinen Farben auszudrücken. Eine Landschaft für Naturlyriker – wie Eva Strittmatter. Ob sie hier war, weiß ich nicht. Sie hätte mit Sicherheit diese Stimmung wunderbar in ihren Texten wiedergegeben.

Heidelandschaft auf Hiddensee

Dünenheide

Diese Heidelandschaft unmittelbar am Meer lässt mich nicht los. Setze mich an den Rand einer Sanddüne und male mehrere Sequenzen, die mir ins Auge fallen. Starkes Sonnenlicht, kaum Schatten. Eigentlich nicht ideal zum Aquarellieren. Aber die Ruhe auf den Motiven lässt mich alles vergessen. Werde auch ein wenig realistisch beim Malen des kleinen reetgedeckten Hauses in der Weite. Dahinter die offene See. Deute sie nicht an, lasse sie im Bild vermuten.

Dünenheide

Wasserflüsse

Auf der Boddenseite die unterschiedlichsten Wasserflüsse. Inseln, kleine Baumgruppen, die sich in der Weite des Wassers verlieren. Dann Spiegelungen von Gebüsch. Alles erscheint fließend. Ob überschwemmte Wiesen mit ihren eleganten Wasserläufen oder schmale langgezogene Halbinseln in der Weite des Boddens. Über all dem Wolken, die die erdige Landschaft in Bewegung halten.

Vor Neuendorf

Baumgruppen

Auf Hiddensee, Rügen und Usedom sah ich häufig Baumgruppen, die sich grafisch am Horizont abbildeten. Auch auf Fahrten mit dem Auto ziehen schnell solche Bilder vorüber, die ich in ruhigen Momenten – noch die Struktur im Gedächtnis – auf Papier gerne festhalte. Es sind Bäume, die auf Anhöhen, von Wind und Wetter gezeichnet, sich markant abzeichnen. Zumeist auf Wiesen oder Ackerflächen stehend, von der Weite des Himmels und der See beleuchtet.

Baumreihe auf Hiddensee

Rügen

Die erste Begegnung hatte ich kurz nach der »Wende«. War neugierig auf diese Insel, die ich bisher nur aus der Ferne von der dänischen Insel Mön aus bei klarem Wetter sah. Beide Inseln sind fast deckungsgleich, was die topografische und geologische Seite betrifft. Sie gehörten auch mal zusammen, bis sie dann irgendwann auseinanderdrifteten. Mön ist eine Insel mit ähnlichen Stimmungen wie auf Hiddensee. Luftig und hell. Egal wo, man sieht immer Wasserflächen in naher oder weiter Entfernung. Rügen ist erdiger, fester. Oberhalb der Steilküste auf dem Jasmund flossen ähnliche Bilder vorbei, wie ich sie auf Mön empfand. Buchenwälder bis an die Abbrüche. Weiß-gelbe Kreidestrukturen, die sich in die Ostsee ihren Weg bahnen und das Grün-Blau des Wassers aufhellen. Ocker-weiße Fahnen, langhingezogen bis in die Tiefe des Meeres. Dann hier oben das Geräusch des Windes und Wellenschlags. In der Ferne zieht ein weißes Dreieck seine Bahn. Ich fühle mich losgelöst vom Boden und schwinge mit in dieser Stimmung. Klingt ein wenig abgehoben, aber vielleicht haben Wanderer, die oberhalb der Kreideküste auf die Weite der Ostsee schauen, Ähnliches empfunden. Für mich als Maler verführen diese Kreide- und Abbruchformationen zur impressiven Malerei. Dafür ist die Aquarelltechnik ideal. Fließende transparente Farbspiele, das reale Naturerlebnis als Vorlage. Rügen bietet eine enorme Vielfalt unterschiedlichster Motive. Ich habe mich überwiegend auf die östliche Seite Rügens konzentriert: Die Steilküsten um Kap Arkona, das Kiefernwaldband an der Schaabe, die magischen Buchenwälder auf Jasmund mit der überwältigenden Kreideküste und das sanfte Mönchgut mit seinen idyllischen Dörfern. Allein die Alleen sind Malmotive sui generis – voller Weite, Tiefe und Vielfalt. Rügen ist eine Insel des Kontrastes und erfordert Zeit für den Wanderer und für mich als Maler, diese so unterschiedlichen Landschaften zu ergründen.

Vor Rügen

Wanderung von Sassnitz zur Steilküste

In meinem letzten Buch hatte ich mich mit Theodor Fontane beschäftigt. Beim Lesen von seiner »Effi Briest« stieß ich auf seinen Ausspruch »Nach Rügen reisen, heißt nach Sassnitz fahren«. Dies war nun auch mein Ausgangspunkt zur Steilküste des Jasmunds. Beeindruckend die weiten Buchenwälder, die mich durch die Piratenschlucht und dem Lenzer Bach zu den Wissower Klinken führten. Stieg am Ufer ab und erlebte wieder diese beeindruckende Sicht auf steil abfallende Bäume, die sich nur noch durch ihr Wurzelwerk, klammernd vor dem Abrutschen in die Ostsee, hielten. Wanderte über glattgeschliffene Steine in Richtung Wissower Klinken, bis mich ein umgestürzter Baumriese zum Umkehren zwang, zumal der Ostwind zunahm und die Wellen die soeben überquerten Steine überspülten. Ein Malen vor Ort ließ das Wetter nicht mehr zu. Nahm das Bild mit, um es dann im windgeschützten Wald auf Papier zu übertragen. Das Geräusch der Wellen und rollender Steine am Ufer noch im Ohr.

Kreidefelsen bei Sassnitz

Erinnerung an Mön

Seit Jahren fahre ich auch zur dänischen Insel Mön. 1960 wohnte ich in einem Jagdschloss im Park Liselund, einem romantischen, nach Rousseaus Ideen angelegten Park. Von hier aus ging es über eine Holzbrücke, die eine Schlucht überquert, zur Ostsee hinunter. Um so näher ich mich dem Steinstrand näherte, hatte ich das Rollen der Steine durch Wellenschlag im Ohr. Am Ufer öffnete sich das Panorama einer grandiosen Steilküste, Möns Klinten. Fand hier unten viele Versteinerungen von Schalen und Skelettteilen der Tiere, die in der Kreidezeit im Meer lebten, Tintenfische, Seeigel und Muscheln. Ging stundenlang entlang der Küste mit ihren überwältigenden Ausblicken auf die 130 Meter hohen Kreidefelsen, die in unterschiedlichster Formation sich zeigten. Viele Veränderungen ergaben sich inzwischen durch Niederschlag und Tauwetter. Auch die Spitze des Somerspiret stürzte ins Meer. Eine Steilküste in ständiger Bewegung.
Einen ähnlichen Eindruck hinterließ die Kreideküste von Rügen auf mich.

An der Kreideküste

Seebrücke von Sellin

Neben dem malerischen Steilufer Sellins faszinierte mich auf den ersten Blick die 400 Meter lange Seebrücke, die mehrfach durch Sturm und Eisgang zerstört wurde und 1998 nach historischem Vorbild mit dem Kaiserpavillon eröffnet wurde. Malte sie mit schnellen Pinselstrichen und versuchte, der doch sehr massiven Bauweise eine gewisse Leichtigkeit zu vermitteln, wie dies auch meiner Malweise entspricht. Die orange-roten Tupfer deuten auf Strandkörbe hin, die vom oberen Steilufer wie hingeworfen erscheinen. Damit versuchte ich zusätzlich, die Luftigkeit des Bildes zu unterstreichen. Um so weiter ich mich von der Seebrücke entfernte, stellte ich fest, wie mein vom Nahen gemaltes Bild von der Seebrücke mit dem Pavillon zur Realität wurde: leicht, locker, schwebend.

Selliner Seebrücke

Königsstuhl

Wanderte entlang des Hochufers. Teilweise hart an der Abbruchkante. Auf einer Seite der weit ins Innere des Jasmunds gehende Buchenwald. Auf der Seeseite lichte Ausblicke aufs Meer. Erreichte die Aussichtsplattform Viktoriasicht. Von hier aus ein überwältigender Blick auf den Königsstuhl. Fand – trotz des Touristenstroms – einen ruhigen Ort zum Aquarellieren. Mit schnellen Pinselstrichen setzte ich das mir ins Auge fallende Bild um, mit dem Gefühl, dass dies alles vergänglich ist. Von Bäumen, die sich schon zum Abbruch neigten, der vom Abhang fließenden Kreide zum blau-lehmigen Wasser der Ostsee, über allem der Fluss der Wolken.

Am Königsstuhl

Buchenwälder an den Küsten der Ostsee

Ob auf den dänischen »Südseeinseln«, den Küsten von Mecklenburg-Vorpommern – überall stößt man auf viele Buchenwälder. So auch auf dem Jasmund mit seinem großen Buchenwaldbestand, der sich bis zur Kreideküste hinstreckt. Wenn ich durch Buchenwälder wandere, begleitet mich häufig das Gefühl, heilige Kathedralen zu durchschreiten. Sie strahlen mit ihren kräftigen, geraden, grauschwarzen Baumstämmen etwas Magisches aus. Die Bäume lassen zueinander Freiräume, halten immer Abstand voneinander und vermitteln mir so Ruhe und Größe.

Buchenwald auf dem Jasmund

Alleen

Nicht nur der Buchenwald hat auf mich eine magische Wirkung. Auch die Alleen auf Rügen ziehen mich in Weiten hinein, die mit Worten kaum zu beschreiben sind. Es werden Räume gezogen, die kaum enden wollen. Wo das Licht, egal ob sonniger oder bewölkter Himmel, seine hineinziehende Kraft entwickelt.

Allee auf Rügen

Von Vitt zum Kap Arkona

Vom Hochuferweg ist das idyllische Dorf Vitt kaum erkennbar, weil es eingebettet in einer tiefeingeschnittenen windgeschützten Senke liegt. Unten am kleinen Hafen geht der Blick auf die Küstenlinie zum Kap Arkona. Die Halbinsel mit dem von Ferne angedeuteten Leuchtturm hat im Sommer etwas Mediterranes, da sich hier die dichte Wald-Vegetation verliert und ein Inselgefühl aufkommt, das mir auf Rügen häufig verloren ging.

Blick auf Kap Arkona

Leuchtturm am Kap Arkona

Von dem Turmensemble – Schinkelturm, Leuchtturm, Funkpeilturm – ist für mich der malerischste der 35 Meter hohe Leuchtturm mit roter Haube. Er hat gegenüber dem breiten Schinkelturm die klassische schlanke Form und ist von Weitem der sichtbarste und leuchtendste. Ich aquarellierte ihn bei stürmischem Wetter. Wolken zogen um den Ziegelbau. Legte beim Malen etwas Wasser über die Strukturen des Turms, um so das Wolken- und Windspiel um den Turm zu betonen.

Leuchtturm am Kap Arkona

Steine auf Rügen

Stieg an der Steilküste bei Lohme ab. Am Strand unzählige Steine in den verschiedensten Größen. Durch den leichten Wellengang rann das Wasser über die glatt geschliffene Oberfläche der Steine. Das Tageslicht reflektierte Farben von Grün, Braun, Schwarz, Karmin in allen Schattierungen. Inmitten des Wassers ein riesiger Findling, der sagenumwobene »Schwanenstein« …

Steine bei Lohme

Bäume an der Schaabe

Hatte Quartier für einige Tage in Juliusruh genommen. Auf der schmalen 10 Kilometer langen Landzunge, die Wittow mit Jasmund verbindet, zieht sich ein bizarr gewachsener Wald hin, den ich häufig durchwanderte. Allein die Kiefern haben durch Wind und Wetter geduckte Formen entwickelt. Die breiten Baumkronen wie Schirme, die den schmalen Waldwegen Schutz geben. An den Rändern sandige Kuhlen, dann wieder in unterschiedlichsten Grünfärbungen weiche moosige Abschnitte. Setzte mich häufig auf umgefallene Baumstämme, um diese von der Natur geprägten Baumgrafiken zu aquarellieren.

Waldweg auf der Schaabe

Am Jasmunder Bodden

Boddengewässer haben eine besondere Ausstrahlung. Sie sind kleine flache Fjorde, immer Landsichten im Auge. Gegenüber der offenen Ostsee ruhende flache Gewässer. Von Breege aus fuhr ich häufig herüber nach Hiddensee. Bewunderte während der Fahrt die vielen Ausbuchtungen in der Nähe und Ferne von Wasser und Land. Und auch wie schnell sich Wettersituationen entwickeln. Dunkle Wolken kamen auf. Die Sonne brach noch durch einige Wolkenschichten durch, um dann ganz dem aufkommenden Regen das Feld zu überlassen.

Vor dem Regen am Jasmunder Bodden

Bobbin

Auf meinen Streifzügen über den Jasmund hatte ich von dem 50 Meter hohen Tempelberg eine gute Übersicht auf Bobbin. Eingebettet in einen Grüngürtel. Nur die Dächer des Dorfes lugten heraus. Darüber thronte eine Wehrkirche. Kraftvoll aus Granitfindlingen erbaut. Ein in sich geschlossenes kleines Dorfensemble.
Erinnerte mich an Theodor Fontanes Beschreibungen von Dörfern und Kirchen seiner Mark Brandenburg mit ähnlicher Ausstrahlung wie dieses Bobbin.

Kirche in Bobbin

Middelhagen

Sonniger Tag. Wanderte über die schmale Landzunge Mönchgut. Hinter einem dicht bewaldeten Hang öffnete sich eine flache Feldlandschaft mit dem Dorf Middelhagen. Hinter der Dorfkirche sehr schön anzusehende reetbedeckte Häuser mit farbenfreudigen Türen und Fensterläden. In dieser harmonischen Anhäufung hatte ich solche malerischen Häuser bisher auf Rügen noch nicht gesehen. Dieses farbenfreudige von der Sonne beschienene Dorf-Ensemble verführte mich natürlich spontan zum Malen. Wählte repräsentativ dafür ein Haus aus, das direkt neben einem reizenden Café stand, wo ich eine gute Grundlage zum Aquarellieren fand. Erinnerte mich an eine nette Begegnung mit einer Malerin, die dort eine Galerie betreut.

Haus in Middelhagen auf dem Mönchgut

Herbststimmung auf Rügen

Stürmisches Regenwetter. Wald und Felder vom Wetter gezeichnet. Suchte Schutz in einer kleinen Hütte am Rande des Jasmunds. Wolken fegten über das immer wieder vorscheinende Hellblau des Himmels. Vereinzelte Windflüchter am Rande von Feld und Wald erhielten ihre Zeichnung durch Sturm und Regenfluten. Ein aufregendes Bild, das ich versuchte – trotz der widrigen Umstände – vor Ort festzuhalten.

Herbststurm über Rügen

Usedom

Die Insel lebt von der Architektur der Kaiserbäder als auch der Landschaft des Achterwassers und Peenestroms. Ich suchte mir ein Quartier am Kölpinsee. Etwas abseits von den großen Seebädern. Von hier aus machte ich meine Exkursionen über Usedom. Ob man nun über Anklam oder Wolgast die Insel erreicht, irgendwie sind es für mich Einfahrtstore auf eine Insel, wo das Wasser – im Gegensatz zu Rügen – eine dominierende Rolle spielt. Schon beim Betreten der Insel erfährt man die zerklüfteten Wassereinschnitte des Achterwassers. Der Peenestrom bildet die Wasserader zwischen Land und Insel. Langgezogene Dünen und Küstenwälder ziehen sich zwischen Achterwasser und Ostsee hin. Die von Kölpinsee aus in Richtung Kaiserbäder sich hinziehenden Hügellandschaften erinnerten mich an weite griechische Küstenabschnitte. Nur nicht mit dieser bewaldeten Vegetation. Von Weitem gesehen – im Dunst des Morgens – lag mir jedoch dieses Landschaftsbild noch im Auge. Die Seebrücken der Kaiserbäder haben etwas Verspieltes, Märchenhaftes an sich. Stellte auf meinen Wanderungen fest, dass es mich immer mehr zum Peenestrom und Achterwasser hinzog. Vielleicht hatte es auch mit dem besonderen Licht dort zu tun. Das Ziehen der Wolken über die verzweigten Wasserläufe, die Sonnenuntergänge am Loddiner Hafen. All das waren überwältigende Farbenspiele zwischen Himmel und Wasser. Das Hinterland mit seiner sanft hügeligen Landschaft aus Wiesen und magischen Mooren hatte für mich sowohl etwas Beruhigendes als auch Inspirierendes. Regte ständig zum Malen an … Ob es nun die Weite der Felder mit bizarren vom Wind gezeichneten Bäumen oder die Ufervegetation des Boddengewässers ist – eine in sich ruhende Landschaft, zwischen denen Seen und Bodden aufleuchten.

Am Strand von Kölpinsee

Am Streckelsberg

Ansteigender Buchenwald. Von hier oben wieder dieser herrliche Ausblick auf die Weite der Ostsee. Ein ähnliches Bild wie auf der dänischen Insel Mön: auf der Anhöhe schattenspendende dunkelgrüne Baumwipfel der hochgewachsenen gradlinigen Buchen, unten am steil abfallenden Hang das Weiß-Gelb des Strandes und das im Sonnenlicht blau gleißende Wasser der Ostsee. Die roten Strandkörbe sehen aus wie hingestreut.

Am Streckelsberg, Kölpinsee

Loddiner Höft

Wanderte gerne von der Ostseeseite Kölpinsee hinüber zum Loddiner Höft. Eine kleine Landzunge, zum Achterwasser hin. Von einer Aussichtsplattform hat man eine weite Aussicht über die Wasserfläche, in weiter Entfernung die Halbinsel Gnitz schemenhaft erkennbar. Hier am Achterwasser erlebte ich viele Naturschauspiele, die sich überwiegend bei aufkommendem Wetter abspielten. Schnell über das Achterwasser ziehende Wolken, plötzlich aufkommender Sturm, der die wenigen am Ufer stehenden Bäume peitschte.

Regenschauer am Loddiner Hafen

Am Peenestrom

Der aus dem Stettiner Haff kommende Peenestrom ist mit seinen durchfließenden Wasserläufen, die in die Ostsee münden, der »Fluss«, der Usedom zur Insel macht. Die daraus ausufernden flachen Fjorde bilden das Achterwasser. Beide Gewässer bilden eine Einheit. In der Struktur erinnert mich der Peenestrom häufig an meine heimatliche Havel, die sich von einem schmalen Strom dann um Berlin zu breiten ausladenden Seen entwickelt.
Hier sowohl am Peenestrom als auch am Achterwasser sah ich viele markante Wettererscheinungen, die beim Malen die gesamte Farbpalette des Aquarellkastens in Anspruch nahm.

Aufkommendes Wetter am Peenefluss

Otto Niemeyer-Holstein

Wie die norddeutschen Maler des 20. Jahrhunderts mit ihren Landschaften verbunden waren, so auch Otto Niemeyer-Holstein, der seine Motive auf Usedom fand. In seinem Buch »Lüttenort« schrieb er, dass er an der schmalsten Stelle Usedoms unweit von Koserow mit seinem Segelboot anlegte und hier sich spontan entschied, auf Dauer zu bleiben. Hier am Achterwasser entstanden seine vielen Landschaftsbilder in Öl und Aquarell.

Dies machte mich natürlich neugierig. Streifte im Umfeld seines Ateliers umher und war ähnlich begeistert wie er von den Ufern, Wasserläufen und Wolkenformationen. Von den Stimmungsbildern im ständigen Wechsel des Lichts am Achterwasser.

Auf dem Weg zum Atelier von Niemeyer-Holstein

Farbspiele am Horizont

Wollte vor Sonnenuntergang noch zum Loddiner Hafen, um die untergehende Sonne mit ihren Farbspielen am Horizont zu erleben. Versuchte mit schnellem Aquarellieren die ständig wechselnde Farbpalette auf Papier festzuhalten. Durch die schon am Horizont untergegangene Sonne flammte zwischen den aufziehenden Wolkenbergen eine Farbexplosion auf von betörender Intensität, um dann langsam zu verlöschen. Weiche Pastelltöne auf Himmel und Wasser beendeten das explosive Farbenspiel.

Himmel und Meer – ein Farbenspiel

Friedhof von Mellenthin

Auf dem Weg zum Wasserschloss besuchte ich die Kirche von Mellenthin, die wohl als eine der schönsten Dorfkirchen Usedoms gilt. Neben der Kirche fand ich einen alten Friedhof. Auf den Grabkreuzen verblichene Namenshinweise. Menschen, die in alten Zeiten begraben wurden, ihre Lebensgeschichte hatten und nun durch einen uralten Eichenbaum beschützt werden.
Jeder Friedhof hat für mich eine besondere Ausstrahlung. Ruhezonen voller Melancholie. Dieser Friedhof in Mellenthin hatte auch diese wunderbare Stimmung. Vor allem das optische Bild beeindruckte mich: eine leicht verfallene Friedhofsmauer mit Tor, vereinzelte alte Metallkreuze kennzeichneten die Grabstätten, über allem ein kraftvoller Lebensbaum.

Alte Eiche im Friedhof von Mellenthin

Lieper Winkel

Der Lieper Winkel – zwischen Peenestrom und Achterwasser – zeigt sich als ausgeprägte Halbinsel mit weiten feuchtsumpfigen Niederungen. Kleine stille Dörfer liegen verstreut in der Landschaft. Hier fand ich die Motive, die so typisch für das Hinterland Usedoms sind. Fernab vom touristischen Durchgangsverkehr. Weite Schilflandschaften. In der Ferne des Peenestroms grünhügelige Ufer des Festlands. Und über allem wieder der weite Himmel mit schnellziehenden Wolkenfeldern.

Am Lieper Winkel

Warthe, Lieper Winkel

Wanderte von Rankwitz aus weiter nordwärts bis zum Ende der Straße, die fast in den Peenestrom führt. Hier am »Ende der Welt« soll das Märchen vom »Fischer un syne Fru« vom Maler und Dichter Philipp Otto Runge geschrieben worden sein. An diesem abgeschiedenen Ort fand ich ein Motiv, das Ruhe und Einsamkeit dieser Landschaft ausstrahlte: Ein blau gestrichener Kahn am Ufer. Menschenleer. Nur weites fließendes Wasser. Am Horizont Festland ahnend.

Boot am Lieper Winkel

Seebrücken

Das Reizvolle an den Seebrücken entlang der mecklenburgischen Küste, ob in Fischland, Darß, Rügen und hier auch auf Usedom ist die Möglichkeit, einige hundert Meter auf die Ostsee zu gehen, ohne den Strand zu berühren. Und die Frische der See einzuatmen. Wenn dann auch noch eine Überdachung vorhanden ist, wie hier auf Usedom, ist man von den Unbilden des Wetters unabhängig. Die Seebrücken von Heringsdorf und Ahlbeck werden auch geschmückt durch stilvolle Architekturen. Heringsdorf am Ende der 500 Meter langen Seebrücke mit einer modernen Pyramide, Ahlbeck durch einen auf Stelzen im Wasser stehenden Gründerzeitbau mit verspielten Türmchen. Mir gefiel die weiß gestrichene romantische Variante in Ahlbeck – vielleicht weil sie einfach malerischer wirkt. Aber auch die in Heringsdorf hat grafischen Charme.

Ahlbecker Seebrücke

Dünen – Meer

Häufig wanderte ich stundenlang an den Stränden von Usedom. Nur Wasser und Sand im Blick. Zu jeder Jahreszeit ein Genuss für die Sinne. Für das Malerauge bieten sich immer wieder neue Motive, auch wenn sie auf den ersten Blick monoton wirken. Nein, die Intensität von Meer und Dünenlandschaften, Weite bis ins »Unendliche« inspirierten mich, all dies malerisch auszudrücken. So auch an den fast 70 Meter breiten Stränden von Ahlbeck, die sich bis zum polnischen Swinemünde erstrecken. Wanderte im Gegenlicht. Strand und Meer vereinten sich optisch. Nur die vor mir liegende kleine Dünenanhäufung grenzte sich ab. Mit wenigen Akzenten aquarellierte ich diesen Moment des Gegenlichts an der See.

Strand bei Ahlbeck

Herbsttage auf Usedom

Wanderte über die Felder und Hügel des Hinterlandes von Usedom. Hatte mir die Strecke zwischen Neppermin und Benz gewählt. Besuchte in Benz die aus Feldsteinen erbaute Dorfkirche St. Peter und am Dorfrand zu Füßen des Mühlenhügels den Friedhof mit dem Grab Niemeyer-Holsteins. Vom Hügel zu Niemeyers »Min Möhl« ein bezaubernder Blick auf die Feldlandschaft. Im blauen Dunst des Horizonts ahnend Wasserläufe. Felder und Baumreihen im ockergelben Ton des Herbstes. Der leicht bedeckte graue Himmel ließ einen Streifen Blau zu. Über das Land wehte ein milder Wind. Die nahe Ostsee strahlte noch Wärme des Sommers aus.

Über die Felder von Usedom

Letzter Abend auf Usedom

Ging noch mal vom Streckelsberg herunter zum Strand. Der sonnige Tag zog sich zurück und floss ins Abendrot über. Strand und Steilküste bekamen bereits ihre dunkle Färbung. Am Streckelsberg überwog schon das Indigo. Nur vom weiten Himmel ging ein farbiges Leuchten aus, vom hellen Blau bis ins Orange. Mir schien, als ob See und Himmel sich gegenseitig spiegelten.

Lichtspiegelung auf Usedom

Hans-Jürgen Gaudeck beim Aquarellieren

Hans-Jürgen Gaudeck

1941 Geboren in Berlin
1987 Eintritt in die Künstlergruppe MEDITERRANEUM

Einzelausstellungen u.a.
Kloster Dobbertin, Berliner Volksbank, PrivateBankingCenter, Schloss Sacrow-Potsdam, Galerie S, Galerie der Kulturen im KOKON Lenbach-Palais München, Galerie Kulturhaus Spandau, Galerie am Havelufer, Galerie Jasna Schauwecker, Bankhaus Löbbecke, Griechische Kulturstiftung, Vin d'Oc, Galerie Alte Schule Ahrenshoop

Reisen
nach Irland, Griechenland, Frankreich, Italien, Spanien, Türkei, Polen, Bulgarien, Marokko, Ägypten, Oman, Jordanien, Kenia, Sri Lanka, Thailand, Bali, Kuba, Kalifornien, Dänemark, Finnland, Schweden, Norwegen, Vietnam, Burma, Kambodscha, Russland, zur Kurischen Nehrung – Litauen

Aquarelle
Werke im privaten und öffentlichen Besitz

Bücher – eine Auswahl
Eva Strittmatter – Märkischer Juni; Theodor Fontane – Ein weites Land; Von London bis Pompeji mit Theodor Fontane; Rainer Maria Rilke – Oh hoher Baum des Schauns; Eva Strittmatter – Und Liebe liebt niemals vergebens; Masuren – Land der Stille; Norwegen – Faszination Hurtigruten; Hans Fallada – Ich weiß ein Haus am Wasser

www.gaudeck.com

Hans-Jürgen Gaudeck im Steffen Verlag
(Auswahl)

ISBN 978-3-941683-24-2

ISBN 978-3-95799-087-7

ISBN 978-3-95799-104-1

Die Deutsche Nationalbibliothek verzeichnet diese Publikation
in der Deutschen Nationalbibliografie;
detaillierte bibliografische Daten sind im Internet über
http://dnb.d-nb.de abrufbar.

3. Auflage 2022
© Steffen Verlag GmbH, Berlin 2013
info@steffen-verlag.de, www.steffen-verlag.de

Herstellung: STEFFEN MEDIA | Friedland – Berlin – Usedom
www.steffen-media.de

ISBN 978-3-941683-26-6